AF496318

COUTUMES DE PRAYSSAS

PAR

M. A. MOULLIEZ,

Procureur impérial à Agen.

PARIS

AUGUSTE DURAND,

LIBRAIRE DE LA BIBLIOTHÈQUE DES AVOCATS, DE LA BIBLIOTHÈQUE DE LA COUR IMPÉRIALE,
ÉDITEUR DE LA *Correspondance littéraire*, DES *Séances et travaux de l'Académie des sciences morales et politiques.*

7, RUE DES GRÈS-SORBONNE.

1860

(Extrait de la *Revue historique de droit français et étranger*,
numéro de mars–avril 1860.)

PARIS. — TYPOGRAPHIE HENNUYER, RUE DU BOULEVARD DES BATIGNOLLES, 7.

COUTUMES DE PRAYSSAS.

INTRODUCTION.

La ville de Prayssas, aujourd'hui chef-lieu de canton dans le département de Lot-et-Garonne, est une des plus anciennes villes de ce département. L'époque de sa fondation est complétement inconnue ; je ne sache même pas qu'il existe aucun épisode de notre histoire locale où son nom ait été prononcé. Ce nom lui-même est orthographié de plusieurs manières. Les coutumes l'appellent tantôt *Preissa*, tantôt *Preicha*, tantôt *Preischa*, tantôt *Preissan*, ou *Preischan*. En patois gascon on la nomme aujourd'hui *Prechas*, mais en français, et surtout en langage administratif, le nom consacré est *Prayssas*.

Cette ville est située sur un plateau assez élevé, au milieu d'un groupe de coteaux qui sépare le bassin de la Garonne du bassin du Lot, à quelques lieues en amont de leur confluent. Dans le voisinage est le château de Montpezat qui a joué un grand rôle dans les guerres anglaises du quatorzième siècle. Sa distance d'Agen est d'à peu près 16 ou 17 kilomètres.

Depuis le treizième siècle jusqu'à nos jours, le fief de Prayssas n'a jamais cessé d'être une propriété seigneuriale. Elle avait encore des seigneurs en 1789, et je me souviens avoir entendu parler quelquefois d'une certaine dame, veuve de Sansac, qualifiée de *seigneuresse de Prayssas*.

J'ai trouvé, dans les archives de la Cour, plusieurs arrêts rendus par le lieutenant criminel d'Agen, jugeant au petit criminel sur les appels venus du juge de Prayssas. Ces arrêts, dont les plus anciens remontent au commencement du dix-septième siècle, constatent que le juge de Prayssas était assisté d'un procureur fiscal, requérant au nom des seigneurs, comme les procureurs du roi requéraient au nom du roi. J'ai lieu de penser que cette organisation a duré jusqu'à la Révolution française.

La population de la commune entière de Prayssas est seulement de 1,300 âmes; si on en donne 300 à la partie rurale de la commune, il en reste environ 1,000 pour la population agglomérée. C'est probablement tout ce que cette ville a jamais eu,

Au pied du plateau sur lequel on a bâti la ville sont de petits cours d'eau arrosant des prairies. Parmi ces cours d'eau, il en est un qu'on appelle *la Masse*, et qui portait déjà ce nom lors de la rédaction des coutumes.

Voilà tout ce que je sais sur Prayssas : quant au manuscrit que j'ai consulté, en voici l'histoire :

C'est un petit volume in-4°, relié en bois et recouvert d'un cuir brun, qui a pu être rouge à l'origine. Les feuillets sont tous en parchemin et l'écriture est disposée sur deux colonnes. La première lettre de chaque rubrique est ordinairement une grande initiale colorée en rouge. L'écriture paraît être du quatorzième siècle.

Ce livre contient, outre le texte des coutumes : 1° un calendrier perpétuel, dont le premier feuillet a été déchiré ; 2° une ordonnance d'Edouard II, roi d'Angleterre, au profit des villes et bourgs de l'Agenais : cette ordonnance en langue romane, mais très-grossièrement reproduite, peut être comparée avec un texte latin dans le livre des chartes trouvé dans les archives de la ville d'Agen ; 3° une ordonnance de Philippe de Valois, en date du 21 avril 1338, reproduisant une ordonnance de Philippe le Bel sur les priviléges du clergé : ce texte est imprimé dans Isambert, *Collection des anciennes lois françaises*, t. Ier ; 4° douze chapitres de la coutume de Port-Sainte-Marie, qui ne sont que la reproduction exacte de douze chapitres de la coutume d'Agen ; 5° quelques autres textes judiciaires, et enfin une table des jours où doit tomber chaque année la fête de Pâques. Cette table commence à l'année 1349 et finit en 1396. C'est ce qui m'a fait conjecturer que le manuscrit avait du être écrit en 1349.

Il y a quelques années, ce manuscrit était aux mains de M. Nasse, juge de paix du canton. Vers 1840, ce magistrat le prêta à M. H. Ducourneau, qui se proposait d'écrire l'histoire de l'Agenais. M. Ducourneau, aujourd'hui principal du collége de Lons-le-Saulnier, renonça à son projet et me prêta le manuscrit. Je l'ai gardé longtemps et il m'a beaucoup servi pour les coutumes d'Agen. Tout récemment M. Paillard, préfet de Lot-et-Garonne, me l'a demandé, et je le lui ai remis. Il est aujourd'hui déposé aux archives de la préfecture.

GRANDE COUTUME.

AISSO ES LO TRESLAT [1] DE LA COSTUMA DEL CASTEL [2] DE PREICHA.

In nomine Domini Jhesu Christi. Amen.

Conoguda causa sia a tots aquels que son e seran qu'en Gauter de Preicha ab sos parseners [3], ab en Guillem Arnald, e ab en Guiraud de Bos, et ab en Magre [4] de Preicha, e ab Pons de Preicha, e ab R. Agre [5] de Preicha, e ab en Guiraud Tiso, e ab en Gausbert de Preicha, feiron am aquest sobredig [6] quart per quart [7] aitals establiments (en) [8] lo castel de Preicha, so es a Saber :

1 [9]. Que quadaus d'aquest parseners sobredighs deu tener clausa la sua partida [10] del castel de Preicha en manera que l

[1] En latin, *translatum*, transcription, copie.

[2] On entendait par *château* non-seulement la résidence du seigneur mais encore la ville entière établie auprès de la forteresse qui servait à cette résidence.

[3] En latin, *parcennarii, percennarii*, et en vieux français *parçonnier, parchonnier, perçonnier, percener*.

De requerre à partir terres parçonnieres. (*Etablissements de saint Louis*, liv. Ier, ch. CVI.)

Quand plusor parçonnier ont compagnie en héritages. (Beaumanoir, *Coutume de Beauvoisis*, ch. XII, art. 4; t. Ier, p. 325, édit Beugnot.)

[4] Modification du nom *Aymeric* ou *Alméric*.

[5] Modification du nom Amaneus, *Amanieu*.

[6] Ce mot fait supposer que, dans l'acte original, ce paragraphe était précédé d'un protocole où étaient énumérées toutes les parties contractantes.

[7] En latin *quaternus*, cahier.

[8] *Deest* : ce mot est indispensable pour le sens de la phrase.

[9] Les numéros ne sont pas dans le texte, mais je les y ai introduits pour plus de facilité.

[10] Ces expressions indiquent que le château, au moins pour tout ce qui était partageable, avait été déjà partagé.

meish castel nos posca perdre, e[1] aquel el qual defalhira qu'en fos destregz[2] per los autres parseners tant entroy[3] que obres[4] e clauses la sua partida.

2. Establiren e son avengutz[5] entre lor que si tort ni forsa lor fazia neguna persona el castel o en autre loc sobre[6] dregh, que tugz l'ajudesso[7] e l captenguesso[8].

3. Aprob[9] establiren que negus hom del castel de Preicha no fos destregz tant cum dregz pogues[10] far.

4. Aprob establiren que totz hom que volgues venir estar[11] el castel de Preicha pusca estar saub e segur[12] sobre qualque dels senhors mays se volra ni mais s'asantera; e si partir o mudar[13] s'en volia, que o pogues far sos tort dessats[14]; e l senher sobre cui er[15] e ls autres cavalers devo lo guidar[16] per XL dias.

5. De l'estar des caslas[17].

Aprob establiren que tot casla[18] posca estar e habitar en qual-

[1] La phrase est évidemment incorrecte, il faut lire : *e que aquel que y defalhira*, que celui qui y manquera.

[2] En latin : *districtus*, de *distringere*, contraint, forcé.

[3] Jusques à ce que.

[4] *Operare*, travailler, confectionner.

[5] Avenus, de *advenire*. Ce mot ne peut être rendu que par une périphrase : ils ont été amenés à établir entre eux.

[6] *Par-dessus le droit*, c'est-à-dire *sans droit*.

[7] *Adjuvare*, aider, assister.

[8] *Captenere*, défendre, protéger.

[9] *Posteà*, ensuite, après.

[10] *Pouvoir faire droit*, c'était présenter une garantie suffisante pour acquitter l'objet de la demande en cas de condamnation. Cette garantie, régularisée d'ordinaire par la présentation d'une caution, dispensait du séquestre ou saisie préalable.

[11] *Stare*, résider. Ce même mot peut aussi se traduire par le verbe *être*, comme on le voit justement dans cette même phrase.

[12] *Salvus et securus*, sauf et en sécurité.

[13] *Mutare*, changer ; en vieux français : *muer*, mot qui se dit encore du plumage des oiseaux et de la voix humaine.

[14] En laissant de quoi payer ses amendes.

[15] *Erit*, il sera.

[16] Littéralement, *conduire, accompagner*, et dans un sens plus étendu : *protéger, sauvegarder*.

[17] Cette rubrique et les suivantes sont dans le texte.

[18] *Castellanus*, habitant du château. On désignait aussi par là le propriétaire du château. Ce dernier sens seul est resté.

que partida se volha del castel, saub los dreghs del senhor de cui seria.

6. DE LA GARDAMEN DEL LOC.

La costuma del castel de Preicha es aitals, que ls senhors devon guardar las tors, e ls caslas devon guardar las portas.

7. DE LAS CAUSAS COMUNALS[1] A TOTS.

La costuma del castel es aitals que la justizia es comunals, e ls forns[2] comunals, e l porter[3] comunals, el faur[4] comunals tant quant en la fauria apartendra.

8. DE MALCU[5] DEL SENHORS E DES CASLAS.

La costuma del castel es aitals, que ls senhors[6] an malcu, e ls caslas, de vi entro que la taverna sia venduda am bo peuhs[7] o am bona fermansa[8]; en pa[9], en carn[10], e en sivada[11] an malcu los senhors am bo peuhs que bailhon que valha mais lo terd diner[12], o am bona fermansa que l pague dins l mes[13]; e si avia II penhs den tenir tant lo bo entro que l'avol[14] lo solva hom; e si avia avol penhs, al cap[15] del mes l'en pot penhorar que l pague depois que enquest[16] l'en aia.

[1] Commun, indivis.

[2] Les fours, le four banal.

[3] Le portier. On verra plus bas quelles étaient les attributions de ce *portier*. Ce mot répond assez bien à ce que nous appelons aujourd'hui l'*appariteur*.

[4] Forge? Marché?

[5] Droit levé sur la vente des objets de consommation, il résulte de l'article lui-même que c'était une espèce de patente.

[6] Il semble résulter de ce passage, ainsi que de la rubrique, que ce droit profitait aussi aux habitants.

[7] *Bonum pignus*, bon gage, sûreté.

[8] *Firmantia*, caution.

[9] *Panis*, pain.

[10] *Carnis*, viande.

[11] Avoine. C'est encore le nom que porte cette espèce de grains dans le langage vulgaire du pays.

[12] Qui vaille plus que le tiers denier; c'est-à-dire, probablement, le tiers de la somme due.

[13] *Mensis*, mois.

[14] *Vilis*, le moindre, le plus vil.

[15] Au bout du mois, *caput*.

[16] *Inquisitus*, enquis, recherché, interpellé. Dans les textes en vieux français on se sert habituellement du mot *requerre* pour exprimer la même idée.

9. De vitalha [1] per guerra.

La costuma del castel es aitals que li caslas devon tener renda de pa als senhors si guerreion, e devo tenir establia [2] a II cavals qui poder n'aura.

10. De furt [3].

La costuma del castel es tals que qui panara [4] de nugh [5] donara LXV sols als senhors e l lairouessi [6] que esmandara en IIII dobles; et si paguar no o podia, sera encors [7] son cors e totas las suas causas als senhors; e si panava de dias, en maizo, o en vinha, o en cazal [8], o en blat [9] dins los dexs [10] del castel, paguara III sols als senhors e l malefici que esmendaria en IIII dobles; e si paguar ne o podia, que perda l'aurelha.

11. Dels cavalers del loc.

Los cavalers de Preicha an aital costuma entre lor que no devon ni podon valer de guerra a negu amicz (senes [11]) que aian los cosselh dels cavalers de Preicha e dels caslas del meis castel; e si ajudar volon anar, no devo far neguna malafacha lo dia que issiran [12] del castel de Preicha, ni aquel dia que mal aurian faghs ni l segon dia no devo tornar al castel am neguna raubaria [13] e las causas dels cavalers de Preicha devo esser guardadas e defendudas cum a las autras dins los dex del castel.

12. De batamen d'armas e del gatge [14].

Establit es que si negus caslanc del castel se peleja [15] am autre

[1] *Victualia*, victuailles, vivres.

[2] Etable, écurie.

[3] *Furtum*, vol.

[4] Volera, dérobera. Ce mot est encore en usage dans le pays.

[5] *Nox*, nuit.

[6] *Latrocinium*, la valeur de l'objet volé.

[7] Il sera frappé de peines corporelles, et tous ses biens seront acquis aux seigneurs.

[8] Jardin, mot encore en usage dans le pays.

[9] Blé, *idem*.

[10] Dépendances, banlieue.

[11] Sans que. Ce mot manque dans le texte, mais il est suffisamment indiqué par le sens de la phrase. C'est une omission du copiste.

[12] *Exierunt*, sortirent.

[13] Butin. *Rauba*, en roman, signifie le vol à main armée. Il nous en est resté le mot *dérober*.

[14] Amende.

[15] Se quereller. Ce mot est encore employé dans le même sens dans la langue vulgaire du pays.

caslanc del meis castel, et l fer [1] am peira o am basto, o ab arma esmola [2] per que sang lo tragha [3], donara LXV sols, si clamor n'es facha, o si es fagh devant lo senhor.

13. D'AZULTZ [4].

Establit es que si negus hom es trobats ni atenhtz de dias o de nughs fazen adulteri am la molher [5] de son vezi, dara LXV sols als senhors; e si paguar no los podia correrrion ambedos [6] tutz nutz la vila.

14. DE LAS TAVERNAS.

Establit es que si hom vol far taverna per vendre son vi que l'en deu far cridar a qualque prez se volra, e si aprob que sera cridat amermava [7] la mesura o y metia aygua [8] daria V sols de gatge als senhors e l vi e l tonel que seria encors als senhors.

15. DE AVIENDIS [9] EL LOC.

Establit es que si negus hom aviendis se mue el castel ni compra [10] maizo o pren feus a oblias o acaptes [11], e depoys o vol vendre, preparar [12] o deu tot prumeramen que o venda al senhor de cui o tendra, e l senhor pot o retener, si retener o vol, devant autrui per tant quant autra persona volria donar; e si retener no o volia, que deu autreiar [13] la venda, la senhoria [14] salva, a tota persona saub a gleiza [15], o maiso [16] d'ordre o a cavaler o a autra

[1] *Feriat*, frappe, de *ferire*.

[2] A fer émoulu.

[3] Coule, soit répandu, du mot latin *trahere*.

[4] Adultère.

[5] *Mulier*, femme.

[6] *Ambo*, tous les deux.

[7] Amoindrissait, diminuait.

[8] *Aqua*, eau.

[9] *Alibi venientes*, aubains.

[10] Achète. On dit encore dans le pays *crompa* pour *acheter*.

[11] Acquiert un fief soumis aux redevances féodales qualifiées d'*oblies* et d'*acaptes*. Tout ce qui était tenu à rente, noble ou roturier, prenait le nom de *fief*, *feus*.— L'*oblie* était la redevance annuelle, connue ailleurs sous le nom de *cens*. — L'*acapte* était le droit dû au seigneur par la mort du tenancier ou du seigneur, et pour le renouvellement du contrat féodal.

[12] Présenter, offrir : c'est le retrait féodal.

[13] Octroyer, autoriser.

[14] Les droits du seigneur étant réservés.

[15] Eglise.

[16] Etablissement religieux.

persona forsaigna[1]; e l senhor deu aver VIII dias de terme de retener la causa; e si s vol mudar en autre loc, lo senhor lo deu enviar[2] saub e segur si e totas las causas II leguas[3] fora del castel vas qualque part se vulha a so leial poder[4].

16. De mudamen de caslas.

Costuma es el castel que si caslas se vol mudar d'aqui en esta en autre loc en la partida deln autre senhor del meihs castel, far o pot, si s vol, ier[5] aitabe siens, e totas las suas causas, com si estava el seu poder.

17. De venda de blat o de vi.

Costuma es el castel que si caslas vol vendre blat o vi, preparar lo deu al comunal prumer que l tragua del castel, e ls o deu vendre per razo[6], e si comprar no o volo, que l'en deu traire, s'il vol, e portar vendre la ou lo plaira.

18. De aviendis que mor ses heret.

Tals es la costume d'ome aviendis que si heret o molher a, e l ve malaudia[7] e mor, sos avers e sas causas seran al heret e (a) sa molher; e si heret no i a, la meitat[8] de l'aver sera a la molher, e l'autra meitatz de tots sos bes sera als senhors.

19. De prestinheras[9].

Costuma es el castel de Preicha[10] que la pestoressa[11] deu gaan-

[1] Forte, élevée, puissante. Les seigneurs redoutaient d'avoir des vassaux plus puissants qu'eux-mêmes. On retrouve cette prohibition dans tous les textes de coutumes de l'Agenais. Voir notamment la *Coutume d'Agen*, ch. XXV, p. 53.

[2] *Envoyar, enviar,* convoyer, conduire. — Dans l'article 4 ci-dessus, ce même mot est traduit par *guidar*.

[3] *Leuca*, lieue.

[4] La fin de cet article n'est que la reproduction du principe posé dans l'article 4.

[5] *Ier,* aller, du verbe latin *ire*. — *Aitabé,* également, aussi. — *Il peut y aller avec les siens.*

[6] Il doit le vendre à un prix raisonnable.

[7] Maladie.

[8] *Medietas*, moitié.

[9] Boulangère, boulangerie, du mot *pétrin* ou *pestrin*.

[10] *Pistor, pistoressa,* littéralement *pétrisseuse*.

[11] Gagner.

har lo bren [1], e la sembla [2], e sa sal ses plus el pa, e si d'aqui en sus ne prendia, la justizia pot penre e trencar [3] tot lo pa e dar e partir [4] la ou lo plaira.

20. De maseller [5].

Li mazeller an aital costuma que devo guanhar los capssols [6] am los senhors a espera [7] de I mes e ab los caslas que ades [8] paguan.

21. Del porter.

La costuma del porter es aitals el castel que deu obrir e sarrar [9] las portas de nuhs et de dia leialmen e fielmen, e deu far e adobar [10] las portas am lo bosc que ls senhors lo devo donar; e l comunal deu las portar e carrejar [11], e ls senhors devon donar lo fer que obs [12] i aura, e deu far lo porter tota la obra; e deu far lo porter totas las cridas [13] de la vila que al comunal appartenguon; e deu far cada porter mudant XX sols d'acaptes als senhors; e deu tenir las mesuras del vi; e deu gardar los prisones, e ls prec [14] devo far la mesio [15] a las guardas que ls guardaran, e ls prec no devo estre destrehs [16] el poder del porter, e si hom los vol destrenher que ls deu hom traire el poder del porter;

[1] Le son, le résidu de la farine tamisée. Ce mot s'emploie encore dans l'idiome vulgaire du pays.

[2] *Simenellus*, partie basse de la farine blutée. Terme encore en usage dans le commerce des farines.

[3] Briser, couper.

[4] Partager; source de cette locution : *avoir maille à partir*, menue monnaie à partager.

[5] *Masellus*, boucher; italien : *Macello*, boucherie.

[6] *Caput solidum, capsoldum;* bénéfice proportionnel au montant du capital employé. Ducange, qui cite plusieurs passages où ce mot est employé, n'en donne pas une définition satisfaisante.

[7] Attente, terme.

[8] Qui paient comptant. Italien : *adesso*.

[9] Ouvrir et fermer.

[10] Réparer.

[11] Charrier.

[12] *Opus*, besoin.

[13] Criées, proclamations.

[14] Prisonniers.

[15] Littéralement la *mise*, autrement dit la dépense occasionnée par leur détention.

[16] *Distracti*, distraits, détournés.

El porter deu tenir los dats[1] els taulers[2], e prestar a aquels que jugar i volran, e tot home que i jogue deu lo donar I diner, e si negus lo geta los dats deu lo donar I diner;

E ls senhors devon donar al porter una eminada[3] de terra a la mesura velha; e de cada cart[4] devon li donar li senhors a nadal[5], e a caresme entrant e a Pentecoste de cada saler[6] un pauc, e una pessa de carn, et I saler de coire[7]; e li caslas devon donar al porter cadaus a nadal una pessa de carn e de sal un pauc; e de quada bestia que lenha[8] porte I tiso lo dia[9]; e de quada hom que fais porte son socorador[10]; e de cada fais de palha deu aver lo punhat[11]; e de cada caval vendut deu aver VIII diners d'aquel qui compra, si hom estranh es; e deu aver lo porter de cada cavalguada que ls senhors o li caslans faran, si ameno bestial, una ovelha[12], o porc, o une cabra[13]; lo porter pot anar manjar a cada una nossas que faran al castel, si anar i vol.

22. De penhoramen[14] d'armaduras als cavalers del loc.

La costuma del castel es tals que tots cavalers caslas a son malcu en la vila aissi com an li senhor.

[1] Les dés.

[2] *Tabularium*, la table de jeu, l'échiquier.

[3] *Minata*; la mine était une mesure de capacité et servait notamment pour le blé; on s'en sert encore pour le sel qui se vend par *mines*. Ducange conjecture que la *minée* ou *éminée* de terre devait être la mesure de terre réputée suffisante pour produire une *mine* de blé.

[4] Carton, autre mesure employée pour les céréales. Elle est encore en usage dans le pays, où l'habitude des mesures métriques ne pénètre que lentement.

[5] Noël, *dies natalis*.

[6] *Salerium*, autre mesure de capacité employée plus spécialement pour le sel. Ce mot s'est conservé dans l'idiome vulgaire du pays, où il est synonyme d'*écuelle*.

[7] Cuivre? ou cuir?

[8] *Lignum*, bois.

[9] Une bûche de droit. Ducange, v° *Logiarius*.

[10] Son secours, son aide; du mot latin *succurrere*.

[11] Poignée.

[12] *Ovis*, brebis.

[13] Chèvre.

[14] Saisie. — Toute saisie a pour objet de fournir un gage au créancier. De là l'extension faite par l'usage du mot *pignus* qui signifie proprement *gage*.

Els senhors au aital costuma entre lor que no i devo penhorar lors cavals, ni lors garniments, si no o fasian propriament per l'enbarc[1] del mais caval o dels mezis garniments, o per enfrangemen[2] dels dex o de costumas, o per jog.

23. ITEM DE PENHORAS.

Tals es la costuma del castel que negu senhor no deu penhorar l'ome de l'autre si fianza[3], e cabaler no l te per embarc o per la[4] causa.

24. DE QUERELLAS[5].

Costuma es aitals el castel que si negus senhor qurelha negus caslas no s'en deu clamar troi que enquest[6] l'aia III veguadas[7] am lo comunal de la vila, ni l deu penre re troi que enquest l'aia III veguadas cum lo comunal.

25. DE CLAMAR.

Costuma es el castel que negun cavaler ni negun caslant no s clame, ni no s posca clamar a neguna autra senhoria, si no a la senhoria del castel de Preicha, per negun tort que s'aian li unc a l'autre, si no era causa que defalhis[8] que la senhoria de Preischa no l ne volgues o no l ne pogues far dregs.

26. DE LAS PECHAS DEL BESTIAL[9].

Establiment e costuma es el castel de Preischa que si buous[10] ni vacas que neguna persona tengua dins maio fan malafacha[11] en vinhas, o en blat, o en autras causas, e la garda los troba

[1] *Barcaniare*, barguigner. Le sens de ce membre de phrase est que la saisie du cheval pourra être faite si la contestation porte sur la propriété même du cheval. Il est resté le mot *embargo* pour exprimer l'opposition faite à la vente des objets contenus dans un navire.

[2] *Infractura*, crime, délit.

[3] *Fidare*, donner caution.

[4] Il y a ici une erreur évidente dans le texte : il devrait y avoir *neguna*. Le sens de la phrase ainsi rétabli est : s'il donne caution, et si un chevalier ne le retient pour cause d'embarc ou *embargo*, ou pour aucune cause.

[5] La portée de ce mot s'est profondément modifiée. Il signifiait primitivement *demande portée en justice*, de *quærere*, demander. C'est dans ce sens qu'il doit être pris ici.

[6] Voir, art. 8, la note sur le mot *enquest*.

[7] Fois. Le mot *vega* ou *veguada* exprime le retour de la même chose.

[8] Défaut de droit.

[9] Amende.

[10] Bœuf.

[11] *Malefactum*, *maleficium*, *maléfice*, méfait.

en malafacha, donara VI diners per cada buou, o per cada vaca, de caval o de rossi VI diners; aze o sauma[1], porco troia[2] I diner; per cada IIII oelhas[3] I diner; II cabrit[4] I diner; d'aquels que sera trobats els feos que tenon dels senhors de Preicha o d'autras personas lonh[5] o pres son totas dels senhors de Preischa; e ls meis senhors devon tenir una garda el castel e en la honor[6] de Preischa a lor cost e a lor messio que garde los bes e las causas dels senhors e dels caslas comunalment a bona fe, de caresme intrant entro a martras[7]; e ls caslas devo donar als senhors cada an a paschas II diners per cuda fug[8], per razo de la guarda per tans quant estan dins lo castel, e defora en la honor del castel.

La costuma del castel es tals que tot senhor e caslanc del castel que veiria far malafacha e o dit, qu'en deu esser crezut per so sagrament[9].

27. De las vendas del feos[10].

La costuma del castel es tals que si neguna persona fa venda o sobre afeusament[11] o escambi[12] per que deves i tornar[13] l'us a

[1] Ane ou ânesse.

[2] Truie.

[3] Pour *ovelhas*. — Voir, art. 21, note.

[4] Chevreau.

[5] De loin ou de près.

[6] La juridiction. Ce mot paraît être synonyme du mot *deç* employé dans d'autres articles.

[7] La fête des martyrs ou la Toussaint, de *martyrium*.

[8] Feu.

[9] *Sacramentum*, serment.

[10] Voir, ch. xv, note.

[11] Littéralement *sous-fief*. Ces sortes d'actes sont connus sous le nom de *sous-acensement*. Ils consistaient dans le bail fait par le propriétaire à un autre, sous la condition d'acquitter le cens dû au seigneur. Il était des coutumes où ce bail était prohibé, comme attentatoire à la souveraineté directe du seigneur dominant.

[12] Echange.

[13] Allusion au droit de retrait féodal. Le texte porte *torne*, qui ne permet pas de construire une phrase régulière. Le sens de ce passage s'explique par la nature spéciale des terres nobles tenues en parage. Un seul seigneur faisait hommage pour le fief tout entier, et recevait lui-même l'hommage de ses *parsonniers*. Il en résultait deux mouvances, l'une médiate, et l'autre immédiate. C'est à la mouvance immédiate que l'article attribue les droits de vente et les *capsols*, ou droit proportionnel au prix.

l'autre, le senhor prumer de cui maura la causa aura totas veguadas sas vendas et sos cappsols.

28. De gardament de tort e de forssa.

Establit es que si neguna persona fa tort, ni forssa, ni enjuria a negu cavaler, ni a donzel[1], ni a negu caslanc del meis loc per razo de pechas, o per razo de costumas, o per autra razo, tugh li senhor e tuch li caslan l'en devo ajudar e valer a lors despensas entro que l plagh sia vengut a declaramen que jutghament[2] ne sia donats.

29. Del contrast[3] del castel.

Costuma es tals entre les senhors del castel que si contrast avio entre lor de neguna re que apartengua al castel de Preicha ni a la honor del castel, devo passer de tot aquel contrast al digh e a la conoguda de la cort del castel de Preicha.

30. De las pechas[4] de las gens.

Costuma es el castel de Preicha que tota persona que on trobara en malafacha fora los dex de Preicha e i sera atenhs per la guarda o per autra persona de bona renompnada[5] del meis castel paguara III sols de pecha als senhors del castel.

31. De vedament de clamar.

Costuma es aitals que si neguna persona se vol clamar d'autra e sia vengutz devant la cara[6] dels senhors, neguna persona no lo deu vedar[7] ni defendre que no s'en clame depoys que sera vengut devant los senhors; et si negus lo veda ni l defen que no s'en clame, paguara V sols de guatge als senhors.

32. De panament de blat o de garbas.

Costuma es el castel que si neguna persona pana blat batut[8] o garbas lhiadas[9] de nughs o de dias, donara LXV sols de gatge als senhors e l laironessi que esmendara en IIII do-

[1] *Domicellus*, *damoiseau*, fils de chevalier. Ce mot est resté en usage dans l'idiome du pays. C'est le nom qu'on donne au premier garçon de noce dans les noces de village. On appelle également *donzello* la jeune fille qui assiste la mariée.

[2] Jugement.

[3] Contestation.

[4] *Peccatum*, faute, péché, délit, contravention.

[5] Renommée.

[6] Figure, face.

[7] *Vetare*, empêcher, prohiber, défendre.

[8] Le blé en grain.

[9] Epis enliassés en gerbes.

bles; e si paguar no o podia que deu esser forjurats[1] e gitats[2] del castel et de la honor de Preicha per tots temps.

33. De fener e de palher[3].

Costuma es el castel de Preicha que tot fener et tot pahler en que aia vigna[4] deu estar guidat[5] que hom no prengua senes la voluntat del senhor de cui sera e qui n penra part[6] la voluntat de son senhor paguara III sols de gatge als senhors del castel, si proat[7] lo sera, e la malafacha que esmandara en IIII dobles.

34. De prenement de vitalha per hostel.

Costuma es el castel que si alcus senhor del castel a ostel e a mester[8] I porc, o I creston[9], o mais o menhs, lo caslanc qui n'aura lor deu vendre a razo, e l senhor deu lo paguar ades, o l deu balhar penhs mais lo terd diner o tal fermansa que l pagua los diners dins VIII dias; e si avia ops auchias[10] o gallinas[11] per los ostes estranhs e non trobava a vendre, lo senhor del castel s'en pot penre la on ne trobara, e qu'en pagua lo pretz razonabla que valra ad aquel de cui la causa aura dins VIII dias.

35. Dels forns.

Costuma es el castel que ls senhors devou aver lo forn o forns tant quant mester aura el castel, e ls devo tener garnitz e aparelhats be e gent de fornes e de messatges e d'autres aparelhs be e gent, e devon far coere[12] lo pa levat[13] dels caslas ab XIII

[1] *Forisjuratus*, expulsé, chassé.

[2] *Ejectus*, jeté, rejeté.

[3] De meules de foin ou de paille.

[4] Nom donné aux pièces de bois placées sur les meules pour les protéger contre l'action des vents.

[5] Ce mot est parfaitement lisible dans le texte, mais il paraît étrange qu'on l'ait appliqué à une meule de paille ou de foin. Je proposerais de lire *cuidat*, réputé, pensé.

[6] Malgré.

[7] Pour *probat*, prouvé.

[8] Besoin. Le mot français *métier* était pris dans le même sens.

[9] Bouc.

[10] Oies.

[11] Poules.

[12] Cuire.

[13] Le pain pétri par les habitants eux-mêmes, et auquel ils ont mis le levain.

pa[1] be e gent, e si l pa s'afolava[2] per colpa del forner, los senhors o devo esmandar, e negu casla no deu cozer son pa levat en autre loc ni devis trapa[3], e si o fazia, paguaria V sols de gatge als senhors, si no era causa que per fauta del forn dels senhors coires[4] en autre loc son pa levat.

36. Cum negus caslas no deu penhorar autre.

Costuma es el castel que negus caslanc no deu penhorar autre caslanc del meis castel per negu deute que l deia de XII diners en sus, e si o fazia, paguaria V sols de gatge als senhors.

37. De malafacha de noch de buos o de vacas ni arrivas[5].

Costuma es el castel que si negus hom guarda buous o vacas ni arrivas de nughs en autrui malafacha en prat, o en vinas, o en blat, o en feners, o en palhers, paguaria LXV sols de gatge als senhors et la malafacha que esmendara, si proat l'era ; e si buous o vacas fazian mal de nughs per lor meis que hom no los gardes, los senhors i aurian V sols de gatge en cada parelh[6] que atenh i seria e la malafacha que esmendaria.

38. Del gatge dels senhors.

Costuma es el castel que ls senhors an en tota clamor que hom fassa a lor V sols ; e si plaghs[7] es d'aquela clamor, lo prumer jutgament deu anar a la prumera clamor per los V sols, e d'aqui enan, tant quant lo plagh durara, devon aver los senhors de quada jutgament que s'en gitara V sols : e devo aver li senhors en defalhiment[8] de quada part V sols en aquela partida que defalhira.

39. De cabanas[9] de vacas qui n deu tenir.

Costuma es el castel que neguna persona no deu ni pot far

[1] Ce qui signifie que la fournée faite dans ces conditions doit être de treize pains.

[2] Se gâtait.

[3] Ces deux mots *devis trapa* sont parfaitement lisibles dans le texte et ne sont susceptibles d'aucune autre version. Malgré toutes mes recherches, je n'ai pu en deviner le sens.

[4] Il faisait cuire.

[5] Nom donné à certaines contraventions rurales, ou plutôt à la complicité dans ces mêmes contraventions.

[6] Paire.

[7] Plaid.

[8] Défaut.

[9] Les cabanes dont il est ici question paraissent avoir été de petits édi-

cabana de vacas ni de buous (ni) de braus [1], ni pot tenir ni apastenguar [2] de [3] l'arival de boter en jus tot aissi cum lo meis arival ne va entro al miralh e entro al sol [4] d'en P. Vidal e entro al molsairo e tot aissi com s'en ira entro a patriarca en sus, e del sol d'en Guillem de colonges a enjus e tot aissi com va entre la segua de G. Cot e del senhor en Aymeric [5] de Preicha cab jos enta l'arival [6], e del meis arival a enjus, e de la terra de Bertran de Sentbais aissi com la roqual [7] cap jos [8] enta [9] l'arival, e de la Rimolera enta l prat Burec, et de l'artigual [10] de l'azo enta la terra B. tozant, e tot al dregh enta la estatga [11] de Benech e del pochador [12] de Nicholau a en jus entro sus la Rivillon, e tot aissi com la Massa [13] ne va entro a la maiso B. Mocho, dels tornes [14] en jos et tot aissi com los meis tornes devalan [15] de la careira [16] entre al golet [17] del faget et tot aissi com lo golet meis ne devala enta la massa, exceptadas las terras que Amaneu de Preicha e sos frais an dins los predighs assignaments per las quals lo predich Ama-

fices isolés, placés au milieu des prairies pour servir de demeure aux gardiens de bestiaux pendant certaines saisons de l'année. On trouve encore de ces sortes de cabanes affectées à cet usage dans les Pyrénées.

1 Taureaux. C'est encore le mot en usage dans le pays.

2 Faire paître.

3 Le reste de cet article est consacré à l'énumération et au bornage des lieux où la pâture est défendue. On y trouve naturellement beaucoup de noms propres.

4 L'aire dépicatoire.

5 Un des seigneurs *parsonniers* contractants.

6 *Aria, arialis, area, arealis,* en vieux français *airal* ou *ayral*, lieu inculte, friche.

7 *Rocassium*, rocher.

8 *Cap jos*, vers le bas, en descendant.

9 Vers.

10 *Artigala, artiga,* coteau, élévation. Il existe, aux environs d'Agen, un village d'*Artigues* situé au sommet d'un coteau.

11 *Estanchia*, étang.

12 *Podiata*, élévation, coteau, indique une élévation supérieure à celle de l'*artiguel*.

13 Ruisseau qui passe au pied du coteau où est bâti Prayssas, et qui porte encore le même nom.

14 *Tornaglium*, machine tournante, meule de moulin, et par extension moulin et ses dépendances telles que la prise d'eau et le canal de fuite.

15 Descendant.

16 Voie publique.

17 *Golena*, petit lac.

neu e sos frais poden passer[1] lors vacas e lors buous, senes malafacha que no i fassen ni no i devo far a neguna persona.

40. QUE DEVON FAR LOS SENHORS DE PREICHA AL SENHOR PRINCIPAL.

Lo castel de Preicha ab aquest establiments e ab aquestas costumas te en Gauters de Preicha ab sos parsoners en lor terra domengera[2] que tenon del senhor comte de Peitieus e de Tolosa[3] e devo far CC sols d'acaptes a senhor mudat e 1 cavaler d'ost per tot Agenes, et qui plus lor demandara, forssa los fara.

Es as saber qu'en Gausbert de Preicha, en Aimeric de Preicha, G. de bos, Galhat de Preicha, Amaneu de Preicha, Pons de Preicha, Gauters de Preicha, cavalers, senhors de Preicha, por lor e per tots les successors, e por tots los lors, d'una part,

En P. B. de Preïcha, en estur d'amigas, Ar. de Lesnibat, G. Traves que eran del cosselh de Preicha la doc, Ar. de Fontefreida, Fors d'Estaguar, Ar. de Cales, R. Tozant, Guillem de las Farguas, Ar. W. de Traves, W. d'Estaguar, G. Bret, P. Arquer, P. del Moli, Ar. Barrerra, R. Topiera, P. Destridenx, Annar de Barran, Ar. Turto, Ar. d'Andreo, W. de la Sala, G. Cot, Ar. Friquet, B. de Gartores, B. Teissender, Ar. d'Arestan, S. Bod, R. Teissender, Azam de Barrau, P. de Monmeatge, B. de Sent Bats, P. de Garras, R. Venia, P. Lauzat, P. de Fontefreida, Ar. de Marmanda, Perri, B. del Pugh, B. de Surugo, Joan de Condom, W. d'Austent, B. del Faget, W. del Moli, P. Sira, P. de Bured, B. de la Reira, Guilhem de Colonges, B. de la Fotz, P. d'Arestan, Jean de Lavolp,

Per lors e per tots los lors, e per tots lors successors, e per totes la universitat del predigh castel de Preicha, d'autra part;

Lauseren e autreieren e cofermeren e receuberen las predichas costumas e stabliments, e las agron e las tendron per bonas e per agradablas, totas e cadauna, e promesero e mandero corporalment, toquats los sans evangelis de Deu, jureren d'una part et d'autra que, tot aissi com en aquesta carta es contengut, auran e tendran e gardaran ferma e establa per lor e per tots

[1] Faire paître.
[2] *Dominicaire*, seigneuriale.
[3] Alphonse, comte de Poitiers et de Toulouse, frère de saint Louis et gendre de Raymond VII, comte de Toulouse.

los lors per tots temps, e de contra no venran per lor ni per autra persona en alcun loc ni en alcun temps per negun drech ni per neguna razo ni en neguna manera; e si per aventura per negun dregh e per neguna razo podian venir encontra a tot aquo renonciegon d'una part e d'autra.

Aisso fo fagh e pausat e acordat a Preicha el castel dins la gleisa de Sant-Johan : testes sunt Johannes de Laicla capelan del mezis loz, Guausbert, prestre, Carbonel de Preicha clerc maestre per lo clerc, et plures alii, et ego dominus de Tarba, communis notarius Agennensis qui utriusque consensu duas cartas d'una tenor scripsi de las quals agro la una li predighs senhors de Preicha, et l'autra agoran li caslanc del mezis loc; et fo aisso fagh VII dias al essit de junh, anno Domini millesimo ducentesimo LXVI, Alphonso, comite Tolosæ; Petro [1] Agennensis episcopo.

PETITE COUTUME.

AISSO ES LO TRANSLAT DE LA PETITA COSTUMA DE PREICHA.

Noverint universi quod nos Radulphus de Fontanis [2], miles, senescallus Agennensis pro domino nostro rege Franciæ, vidimus et diligenter inspeximus, et legi et scribi de verbo ad verbum fecimus quoddam instrumentum publicum quarumdam consuetudinum castri de Preissano non vitiatum, nec cancellatum, nec in aliquâ parte suî abolitum, confectum per manum magistri Arnaldi Ninot, notarii publici Agennensis, ut primâ facie apparebat, formamque sequitur de verbo ad verbum continens.

Notum sit que en l'an de l'Encarnatio de nostre Senhor

[1] 24 mai 1266 : Pierre Gerlaudi, élu en 1264 et mort en 1271.

[2] Raoul des Fontaines, sénéchal d'Agenois pour le roi de France sur la fin d'un séquestre commencé en 1296, et qui dut se terminer en 1304, ou, au plus tard, en 1305. Ce sénéchal peut bien avoir été le fils ou un parent du célèbre auteur des *Conseils*, P. des Fontaines.

MCCLXXV, regnant lo senhor en Philip[1] rey de Fransa, en Arnald[2], avesque d'Agen, so es assaber, XIII dias al issit del mes de janier, li senhor del castel de Pressan so es assaber, en G. de Bons[3], Gualhart de Preissan, Guauter de la Tor, G. de Preissan, Hamaneu de Preischan, senhors de Preissan, Haimeric de Preissan, Guagres de Preissan, cavaliers, en Guilhem Ar. de Preissan, Bertrand de Preicha, Haimeric de Preicha è Naugers de Preicha, donzels, per lor e per los autres personas senhors del meis castel de Preissan e per tots lors e per tots lors successors.

E li Prohome e li caslan del meis castel de Preissan, so es assaber, en G. Bret, Johan de Condom, G. Traves, W. Ar. Astipa, Fors d'Astacais, Guilhem de Floirac, Guilhem de Syregh, R. Topia, Guilhem Ar. de Bertenxs, G. Bertran, P. Gairaut, Perrin de Preissan, B. Gairaud, Guilhem Doat, G. Daria, P. Gasc, Espagnol de Thomas, Johan Destremps, Johan de la Ribera, P. Lauzat, B. del Faget, B. Teissender, Azam de Barrau, Johan Barran, B. del Pugh, Johan Vidau, Ar. de la Barrerra, P. Folcant, Aymar de Barrau, R. Darelhs, Guilhem Milhola, Guilhem Tortz, P. de Lesinhac, Ar. R. Traves, P. d'Astacau, P. de Restaurat, B. Teissender, Guilhem de Surgo, B. de Bugeg, P. de Lesinhac, Gerves lo Mancel, Esteve de S. Daunes, Johan de Marmanda, W. Tozant, B. de Guarner, P. del Moli, R. de Bibia, Guilhem de Alguareda, Ar. Friquet, P. Destridenxs, Bolhoms de Teyssender, Esteve Bot, Johan de Sant-Peyre, Ar. del Molra, P. de la Grotz, Andreo Sabater, R. de Calonges, Guilhem de Bordas lo macip, P. de Guarrans, Johan Auzel, Ar. Guiraut, B. de la Carrerra, Guillem Auzel, Bertran Teyssender, P. W. Barbier, B. de Surgo, Guilhem Bot, Ar. de Restaut, P. de la Carrerra, en Guilhem Molinier, per lor e per lo cominal, e per tota la universitat del meis castel de Preissan, e per tots lors successors essemps cominalment e acordamens de grat et de voluntat feiro

[1] A la mort d'Alphonse, comte de Toulouse, et de sa femme, survenue l'une et l'autre en 1271, Philippe III, dit le Hardi, roi de France, s'empara de l'Agenois, sur lequel il n'avait aucun droit et qu'il fut obligé de restituer quelques années plus tard à Edouard Ier, roi d'Angleterre. Il le possédait encore en 1275.

[2] Arnaud Delgot, dit Arnaud V, élu en 1271 et mort en 1282.

[3] 19 décembre 1275 : il est nommé *de Bos* dans la grande coutume.

per lo profigh e per la utilitat dels sobredighs senhors e de la dicha universitat e de lors successors aquestas costumas que dejus [1] s'enseguon, no departens en re de las autras costumas que avian devant encartadas [2], mais ajustan ad aquelas costumas aquestas que s'ensegon.

1. De la confirmatio de l'autra costuma.

Tot prumerament ratifigueron, aproberon, e cofermeron las dichas costumas autreiadas, escriotas, o encartadas per los senhors e per los caslas del meis castel aissi com dissoren, e volgron e autreieron que las dichas costumas escriotas o encartadas sa en reire [3] temps sian e s tenen e remangan fermas e establas e sian tengudas e gardadas per lors e per lors successors per tots temps entierament e senes tot enfranhement [4].

2. De la electio dels cosselhs.

E ajusteron mais e meso e pauzeron en costuma que tots temps mais per aenant [5] aia VI prohomes de cosselh en lo digh castel, so es assaber, II dels senhors del digh castel e IIII dels caslanxs del mezis loc, li qual juraran sobre sans evangelis de Dieu, en presentia del comunal del meis loc, que be e leialment se auran en lor offici del cossolat, e seran boz e fizels e leials als senhors e al comunal e a tota la universitat del predigh castel, e guardaran e mentenran e sostenran las costumas e ls establiments e los usatges del mehis castel, e faran e redran dregh e razo a tots e a cadau dels plaghs e de las rancuras [6] que venran devant lor, segon lors costumas e lors establiments e lors usatges leialmen a bona fe, e que no i gardaran [7] nulh persona ric ni paubre, ny la u [8] no sostenran ni condempnaran plus que l'autra, mas segon lors costumas e lors establiments, faran e redran dregh e razo a tots comunalment; e aquilh prohome de cosselh estaran I an en lor offici del cossolat, so es assaber, de l'un

[1] *Dessous*.

[2] Mises par cahier. Dans le préambule de la grande coutume on déclare, en effet, qu'elle a été faite *quart per quart*, cahier par cahier.

[3] Autrefois, cà en arrière.

[4] *Infractio*, infraction, violation.

[5] *Per aveniens tempus*, à l'avenir.

[6] *Rancor*, *rancura*, *rancuna*, plainte, réclamation, poursuite judiciaire.

[7] Ils n'auront point égard aux personnes.

[8] Une.

caremantran[1] a l'autre, e quada an a caremantran aquilh prohomes de cosselh hi elegiran[2] autre VI prohomes del cosselh, II dels senhors e IIII des caslas, liqual juraran en presentia de lor e de tota la universitat, e faran semblant[3] sagrament cum desus es dihg, e aquilh prohome que i seran elegitz per lo digh cosselh en lo dich offici que o prenguan e sian tengutz de penre per sagramen, e que negus no o lo ane ni o auza lo anar[4] en neguna maneira, e aqui mezis que l comunal e tota la universitat del meis castel juren quada an al cosselh noel[5] quant auran fagh lo predigh sagrament a l'autre cosselh que devan sera estat; e la forma del sagrament que l comunal fara es aitals, so es assaber, que juraran sobre los sans evangelis de Deu que ilhs seran boz e fizel e leial e obediens al predigh cosselh, e que venran devant lor quant ilh lor o comandaran en lors perssonas, o per messatges, o per crida comunal, e que los acoselharan[6] be e leialment segon lor sen en aisso que ilh lor demandaran per comunal profegh del digh castel, e lor tenran celat e secret en los faghs comunals, e lor valran[7] e lor amandaran[8] a guarder e a sostener e a defendre las costumas e ls establimentz e ls bos usatges del mehis castel a bona fe e a lor leial poder.

3. Que nulh cavaler no bata caslan ni caslan no bata cavaler.

Item. An mais acostumat e mes e pauzat en costuma que si nulh cavaliers ni donzel, senher del digh castel, feria ni batia nulh caslan del predigh castel, e aquel hom s'en clamava o s'en rancurava al baile[9] o al cosselh del predigh castel, que aquel senher que auria fagh aquel batement o aquela enjuria done e

[1] Carême entrant, le jour du mardi gras.

[2] Eliront.

[3] Semblable.

[4] Cette phrase, assez obscure, signifie *que nul n'aille et n'ose aller contre de quelque façon que ce soit.*

[5] *Novus*, nouvel ou nouveau.

[6] Conseilleront.

[7] Ils les aideront de leur pouvoir.

[8] Il doit y avoir une erreur de copie. Le sens de la phrase indique qu'il faut substituer à ce mot *ajudaran*, assisteront.

[9] Dans le midi de la France, et particulièrement en Agenois, le titre de *bailli* appartenait aux moindres juges seigneuriaux ; il correspondait à celui de *prévôt* ou de *vicomte* pris ailleurs.

sia tengutz de donar e de pagar LX sols d'arnaudenx [1] de gatge, la causa proada per la cofessio [2] d'aquel senhor que la batero o la enjuria auria facha, o per sufficiens testimonis si neg [3] i avia, del qual gatge sera la meitat als senhors del digh castel e l'autra meitat al cosselh e al comunal del digh castel ajutori [4] a pagar a las despensas e a las messios que seran fachas per las cochas [5] comunals del meis loc ; e aquel senhor que aquela batero e enjuria aura facha, fassa e sia tenguts de far dressa [6] e esmenda sufficient ad aquel que seria estatz batutz al esgard e a la conoguda del cosselh del predigh castel, e aquel baile del digh castel costrengua, e sia tengutz per sagramen de destrenher aquel senhor que auria facha aquela enjuria ades al somomment [7] del digh cosselh, senes tot autre prolongament, e de far e de paguar la dressa et la esmenda ad aquel que sera estatz batuts, aissi com lo dich cosselh o aura conogut e de paguar los dighs LX sols de gatge, e que negus dels predighs senhors sobre aisso no devede [8] penhora al digh baile.

E per meissa maneira si negus del caslas del meis castel fazia o disia laia vilania [9] o aonta [10] a negus dels senhors del digh castel, o aquel senhor s'en clamava o s'en rancurava al baile o als cosselhs del meis castel, que aques caslas done e pague, e sia tengutz de donar et de paguar, LX sols d'arnaudenx de gatge, la causa proada per testimonis sufficiens aissi com deura si neg i avia, o per sa meissa cofessio, del qual gatge la meitat (es) als

[1] L'arnaudenx, ou arnaldenx, ou arnaldin, était la monnaie émise par les évêques d'Agen. Elle valait un cinquième de moins que la monnaie tournoise, et il fallait 5 arnaudins pour faire 4 petits tournois. Elle était, en outre, de 20 sous 10 deniers au marc. Ainsi, en admettant, comme on le fait d'ordinaire, que le marc tournois pesât 250 grammes, et en défalquant un cinquième, soit 50 grammes, il reste qu'avec 200 grammes on faisait 20 sous 10 deniers ; chaque sou était donc du poids de 0gr,0941, donnant aujourd'hui 2 fr. 04 c.

[2] L'aveu.

[3] Déni, dénégation.

[4] Applicable.

[5] Affaires.

[6] Redressement, réparation.

[7] *Ad submonitionem*, à la sommation.

[8] *Vetare*, arrêter, empêcher, prohiber.

[9] Laide vilainie.

[10] Expression outrageante.

senhors del digh castel e l'autra meitat al cosselh e al comunal del mehis loc ajutori a paguar las despensas e las messios que seran fachas per los comunals negocis del digh castel, e que aquel caslas fassa e sia tengutz de far dreissa e esmenda ad aquel senhor al qual auria facha e dicha la predicha aonta, a l'esgart e a la conoguda del mehis cosselh del digh castel, si la causa es aitals que dreissa ni esmanda si covengua.

4. QUE NEGUS HOM NE S CLAME FORAS[1] DEL CASTEL DE PREISSA.

Item. An mais acostumat e mes e pauzat en costuma que negus hom, senher ni autre del digh castel, no s clame ni s rancure foras del dighs castel de nulh home ni de nulha persona del digh castel, aytant com aquel de cui se volra clamar o rancurar li volha far dregh devant lo baile o devant lo cosselh del mezis castel.

5. QUE LO BAILE E LOS COSSELHS JUTGEN LAZ CLAMORS A MASSA[2].

Item. An mais acostumat e mes e pauzat en costuma que li senhor o ls bailes del digh castel avian los plaghs e jutgen e deffinissen las clamors e las rancuras et las causas que vengan devant lor dels habitants del digh castel e de sa honor, ab lo cosselh del mehis loc, e que li senhor ni lor bailes no fassan ni poscan far enquisitio[3] sobre hom del digh castel de negun fagh senes lo cosselh del meis loc o d'alcun de lor.

6. QUE DEVAN PAGUAR LOS CASLAS DELS ACAPTES[4] DEL PRINCIPAL SENHOR.

Item. Com fos estat contrast entre los senhors et ls caslas del predigh castel sa en reire sobre los acaptes que li senhor del digh loc devo far al senhor maior de la terra quant se muda per razo del digh castel, fo aissi pauzat e ordenat per los predighs senhors e per los predighs caslas desus mentaguts[5], e mes e pauzat en costuma que li predighs caslas e lors successors deven als senhors del digh castel C sols darnadenx ajudori a paguar los acaptes del digh castel quant auran ops a captar per lo mudament del senhor d'Agenes.

[1] Hors.
[2] Ensemble.
[3] Enquête, information.
[4] Fief en censive.
[5] Mentionnés.

7. DEL BAULAMEN [1] DEL FEOS [2].

Item. An mais acostumat e mes e pauzat en costuma que si contrast era entre alcun senhor de feos e son feuzater de feos que sia en la honor ni el territorri del digh castel de Preissan de feos deguat [3] e boulat sobre aisso que l senhor del feos disses que aquel feos no tenia ni durava aitan com lo feuzaters ne emparava [4], que aquel feuzaters no sia crezutz e posca salvar e retenir lo predighs feos per son sagrament, e que otra [5] son sagrament lo senhor del feos no li angua ni lh posca anar ni far, ni mova contrast; e que li feos que degatz ni baulats no so que sian deguats e baulats d'aissi a la prumera [6] san Joan-Baptista que sera, e que de la prumera san Joan-Baptista en la tot feuzaters que tengua feos en la onor o en lo territori del digh castel de Preissan sia crezut per son sagrament e posca salvar e retener am sa ma e ab son sagrament, o sia deguat o baulat o no, et que oltra aquo lo senhor del feos qui ques sia no l ane ni no l posca anar ni tolre [7], ni mermer [8] son feos, ni metre contrast en neguna maneira.

8. DEL GATGE DE LAS MALAFACHAS COM SIA COST [9] LEVAT.

Item. Que si nulhs hom ni nulla fempna d'entendemen [10], sia cavalers o caslas o lor mainada [11], era atenhs en l'autrui malafacha sia penhorat e que l bailes l'en penhore e l'en sia tengutz de penhorar per sagrament a aquel mezis dia que l sia demonstrat aissi com deu en tragua lo gatge que es acostumat sobre las costumas del digh castel senes tot autre maior alongamen, e que sobre aisso ni sobre las malafachas ni sobre los guatges no i sia

[1] Bornage, en latin *bola, bolagium*.

[2] Fief roturier, terre tenue à cens.

[3] Mesuré ou arpenté : peut-être clôturé. Ce mot *deguat*, que j'ai vainement recherché, paraît présenter quelques analogies avec le mot français *digue*. Cependant on était dans l'usage d'arpenter les terres soumises au cens plutôt que de les clôturer.

[4] *Amparare*, occuper.

[5] Outre, malgré, en dépit de.

[6] Lisez : *la prumera festa de san Joan-Baptista*.

[7] *Tollere*, enlever.

[8] Amoindrir, diminuer.

[9] *Custus, costus*, coût.

[10] Raisonnable, ayant sa raison.

[11] Gens de leur maison, en vieux français *mesnie*. On appelle encore *mainatges* les enfants. Il nous est resté, de ce vieux mot, *ménage*.

parcut[1] ni estalbiat[2] negus que ades no sia penhorat e destregh de pagar lo gatge o d'esmendar la malafacha ad aquel a cui sera estada facha segon que sera o pauca o granda.

9. Com posca far establiments.

Item. An mais acostumat e mes e pauzat en costuma que ls cosselhs am los bailes del mehis castel fassan e poscan far establiment e ostar e mudar e cambiar sobre malasfachas e sobre aquelas causas de que no es facha costuma ni es encartat[3] per costuma, totas horas que a lor sia vist a far al pro[4] e a la utilitat de lor e de tota la universitat del predigh castel; e que aquilh establiments duren aitan com aquelhs cosselhs que fagh los auran estaran en lor offici del cossolat, e en aissi que s'ensegui a per tots temps mays.

Li quals senhors de sus mentagutz, per lor e per totz lors successors, e li sobredichs caslas, per lor e per totz los autres caslans, habitants e habitadors en lo digh castel e en la honor e en lo destregh[5] del meis castel, manderon e autreieron e promeron tugh essemps[6] fermamen e jureron de lor bos grats, tocats corporalement l[illegible] sants evangelis de Deu, que tot aissi com melh e plus entegramen es digh e contengut e ordenat e acostumat en la predicha carta facha sa en reire sobre la maior partida de las costumas del digh castel, e tot aissi com melh e plus entegramen en aquesta present carta es digh e contengut e ordenat e pauzat en costuma per lor e per voluntat e per mandamen de lor o faran e o tenran e o guardaran per costuma e o faran far e aver e tener e guardar a lors mainadas e à lors homes, per lor e per tots lors successors per totz temps, senes tot enfranhement[7] e senes amermament[8], e de contrari no faran ni venran essemps ni departidament[9] en negun loc ni en negun temps per nuh dreghs ni per nulha razo ni per nulha exceptio de fagh ni de dregh ni en neguna manera.

[1] *Parcere*, pardonner.
[2] *Salviare*, *salvivicare*, sauver, exempter.
[3] Mis sur une charte, écrit.
[4] Profit.
[5] District.
[6] Ensemble.
[7] *Infractio*, infraction.
[8] Diminution, amoindrissement.
[9] Séparément, individuellement.

Aisso lo fagh aissi dins lo digh castel de Preissan en l'an e en lo dia sobredighs, présents e testimonis apellats et preguats[1] per los senhors e per les autres proshomes de sus mentagutz B. Aymaric de Montpezat[2], cavaler, Guilhem de Lunatz, senhor d'Aguillhum[3] en sa partida, Pons de Preissa, canonge[4] de la gleiza de Sant-Caprazi[5] d'Agen, Johan de Lailha capela[6] del mehis castel de Preissan, Pons Sos capela del mers loc, P. de Beldia, en Vidal de la Berneda, egoque Ar. Ninot, comunal notari d'Agen qui apelats e preguats de ls senhors et de totz los autres proshomes caslas del mehis castel de sus mentagutz, per mon offici totas aquestas causas escriossi e en publica forma las torni e mon sennal i pausey lo qual es aitals.

(Suit une espèce de paraphe conçu d'une manière assez bizarre et que je n'ai pas cherché à imiter.)

In cujus visionis et inspectionis, lecturæ et scripturæ testimonium sigillum nostrum duximus apponendum. Actum et datum apud Agennum die Veneris ante festum Penthecostes anno Domini, MCCC° III° (8 juin 1303).

[1] *Precari*, prier.

[2] Prayssas est dans le voisinage du château de Montpezat, si célèbre dans l'histoire de nos contrées. La commune de Montpezat fait même encore partie du canton dont Prayssas est le chef-lieu.

[3] Aiguillon. La seigneurie d'Aiguillon, qui fut érigée en duché dans le courant du seizième siècle, avait été longtemps une modeste et obscure seigneurie. Ce texte est, je crois, le seul qui nous fasse connaître le nom de la famille à laquelle elle a primitivement appartenu. Sa situation au confluent de la Garonne et du Lot la rendait facile à défendre, et c'est ce qui explique la réputation de *fort château* et imprenable que lui a faite Froissart dans ses chroniques. Guillaume de Lunats est qualifié de seigneur d'Aiguillon, *pour sa part*, parce que d'autres seigneurs, et notamment le seigneur de l'Agenois, en possédaient d'autres parties.

[4] Chanoine.

[5] La collégiale de Saint-Caprais. L'église desservie autrefois par le chapitre de cette collégiale est devenue la cathédrale du diocèse d'Agen.

[6] Chapelain, prêtre.

www.ingramcontent.com/pod-product-compliance
Ingram Content Group UK Ltd.
Pitfield, Milton Keynes, MK11 3LW, UK
UKHW021202230726
13926UKWH00001B/255

9 782014 059137